BRESCHKES
praktisches
GARTENBUCH

BIOLOGISCHER PFLANZENSCHUTZ

Schädlinge umweltfreundlich bekämpfen

MOEWIG

Fotonachweis:
R. Bühl: S. 69, 73, 75; Coers: S. 31; Fehn: S. 7, 11, 15 oben, 21 oben, 27, 33, 37, 43, 45, 49, 51, 55, 57 oben, 59, 61, 63, 67, 71, 79, 81, 83, 85, 87, 91; Funke: S. 35; Gloria: S. 29, 39, 41, 65, 93; Neudorff: S. 77; Wilhelm: S. 9, 13, 15 unten, 19, 21 unten, 23, 25, 47, 53, 57 unten, 89; Wolf: S. 17.
Zeichnungen: Archiv Joachim Breschke

Originalausgabe

Text und Zusammenstellung: Joachim Breschke
Umschlagentwurf und -gestaltung: Network!, München
Umschlagfotos: Jochen Grün
Auslieferung in Österreich: Pressegroßvertrieb Salzburg Gesellschaft m. b. H.,
Niederalm 300, A-5081 Anif
Printed in Portugal 1991
Druck und Bindung: Printer Portuguesa
ISBN 3-8118-8584-7

Vorwort

Biologischer Pflanzenschutz bedeutet mehr als Blattläuse mit Brennesseljauche zu duschen oder mit Steinmehl zu pudern. Recht verstandener Pflanzenschutz mit umweltverträglichen Mitteln beginnt schon bei der Anbauplanung, der Auswahl standortgerechter Pflanzen, zweckmäßiger Fruchtfolge und humoser Bodenpflege mit ausgewogenem Nährstoffangebot.

Mit dem Fachbegriff „integrierter Pflanzenschutz“ ist die kombinierte Anwendung aller pflanzenbaulichen, biochemischen und technischen Verfahren gemeint, die zum Ziel haben, die Menge der Schaderreger unterhalb einer wirtschaftlichen Schadensschwelle zu halten.

Pflanzen sollen so gut gepflegt werden, daß sie gesund bleiben, und Schädlinge dürfen gar nicht erst aufkommen. Das versucht der Gärtner seit eh und je mit gegenseitig hilfreichen Mischkulturen, Kompostpflege, therapeutischem Gehölzschnitt und all den vielen mechanischen Maßnahmen im Schädlingskrieg.

Aber es ist in den letzten Jahren vieles hinzugekommen: das Bestreben, mit dem absoluten Minimum an getöteten Pflanzenfeinden auszukommen und statt dessen den Nützlingseinsatz zu fördern. Viele Kleinschäden werden hingenommen, weil man gelernt hat, mit der natürlichen Unvollkommenheit zu leben, ja sie zu lieben. Aus dem gepflegten, „vorschriftsmäßigen“ Kleingarten ist ein leicht unordentlicher Naturgarten geworden. Das ist biologischer Pflanzenschutz im besten Sinne.

Mechanische Methoden

Es gibt eine ganze Reihe mechanischer Maßnahmen, die verhindern, daß sich Schädlinge und Krankheiten im Garten weiter ausbreiten. Das beginnt mit dem Winterschnitt der Obstbäume und dem Roden alter Baumruinen.

Alle Bäume mit abgestorbenen Ästen als Folge von Krebsbefall, Unverträglichkeit der Veredelungspartner, Bleiglanz und Frostschäden müssen gefällt, in tragbare Stücke zersägt und abtransportiert oder, wo das noch erlaubt ist, verbrannt werden. Sie dürfen nicht als Infektionsquellen liegen bleiben.

Es wird oft vorgeschlagen, daraus Gartenbänke, Pflanzgefäße und Ständer für Vogelhäuschen und Hängegeranien zu basteln. Oder die alten Baumstümpfe sollen, von Moos und Efeu romantisch überwachsen, als Vogelbad oder Bienentränke in den naturnah gestalteten Waldwinkel eingebaut werden. Das alles ist nur dann zu empfehlen, wenn völlig sicher ist, daß von ihnen keinerlei Pilzkrankheiten und Holzschädlinge auf die gesunden Bäume übergehen können.

Der Austrieb von Stockausschlägen läßt sich verhältnismäßig leicht verhindern, indem man Stumpf und Wurzelhals entrindet. Aber dann sieht der Stubben nicht mehr so romantisch aus, und man muß ihn dicht zuranken lassen.

Baumstümpfe, die einer neuen Pflanzung im Wege stehen, muß man nicht ausgraben; es ist völlig ausreichend, einige tiefe Löcher hineinzubohren und Säure einzufüllen. Nach sechs Monaten ist das Holz so weit zerfressen, daß man etwas Benzin hineinschütten und den Rest abbrennen kann.

Schadpilze an einem alten Baumstamm (Hallimasch).

Vorsichtige Rindenpflege

Die lose Borke an älteren Stämmen und Ästen ist nicht schädlich und muß also nicht unbedingt jeden Herbst abgekratzt werden. Im Gegenteil schützt sie auf der Südseite vor Frostschäden. Ebensowenig schaden Moos, Flechten und Algen, die sich auf alter Rinde ansiedeln. Jedoch hält sich darin viel Feuchtigkeit, die tiefer liegende Rindenpartien aufweicht. Unter der abgestorbenen Oberfläche hat sich neue Rinde gebildet, die Licht und Luft braucht, um widerstandsfähig zu werden.

Rindenschuppen und abgestorbene Holzteile bieten zahlreichen Schädlingen einen Unterschlupf während des Winters. Hier legen die Frostnachtspanner ihre Eier ab, und es finden sich Blattläuse ein. Der Birnblattsauger überwintert dort als erwachsenes Tier, und die Larven des Apfelwicklers spinnen sich einen festen, weißen Kokon, der vor den Unbilden des Winters schützt. Und auch Apfelblütenstecher und Pflaumenwickler trifft man unter der alten Rinde.

Die versteckten Schädlinge müssen mit der lockeren Borke zusammen auf einer Folie gesammelt und vernichtet werden. Bei der Rindenpflege mit Baumscharre oder Drahtbürste muß man vorsichtig vorgehen, damit die noch weiche Jungrinde nicht verletzt wird und dadurch neue Gefahren entstehen.

Der Kalkanstrich hat keine Wirkung auf die Schädlinge. Er wird erst im Spätwinter an der Südseite von Obstbaumstämmen und Hauptästen aufgetragen, damit sie von der Mittagssonne nicht zu früh erwärmt und zum Saftanstieg verführt werden. Nach dem letzten Frost muß der weiße Anstrich alsbald wieder abgewaschen werden, damit die Frühlingssonne auf ihnen wirksam werden kann.

Oben: Lose Borke wird mit der Baumscharre abgekratzt, ohne die frische Rinde darunter zu beschädigen. Rechts: Rindenwunden werden ausgeschnitten (oben) und mit Baumwachs verschlossen (unten).

Schacht
Baum
Wund- und Schnitt-
Verschlußmittel
Wundplast

Schädlingsverstecke

In Ausnahmefällen kommt es vor, daß Schädlinge nach milden Wintern allzu früh aus ihren Überwinterungsformen und -verstecken schlüpfen und zum Teil in einer späten Frostnacht erfrieren. In der Regel können ihnen aber strenge Winter nichts anhaben.

Die Schädlinge bereiten sich so hervorragend auf sibirische Kälte vor, daß sie nicht einmal von der normalen Winterspritzung getroffen werden. Aus diesem Grunde wurde sie abgelöst durch eine Spätwinterspritzung zwischen Blattaustrieb und „Mausohrstadium" (wenn die kleinen Blätter nach Meinung der Gärtner so groß geworden sind wie Mäuseohren). Zu dieser frühen Zeit kann man mit relativ unbedenklichen Mitteln alle Gehölze im Garten sauber abwaschen und bleibt so vor allen möglichen Schädlingsplagen bewahrt.

Vor dem Frost spinnen sich einige Arten richtige Winternester, in denen sie rundherum, einzeln oder in ganzen Scharen, geschützt sind. Die Gespinste des Baumweißlings oder des Goldafters enthalten oft z.B. große Mengen von Raupen und Larven, die an die Triebspitzen gehängt werden, so daß sie schwer zu sehen und herunterzuholen sind.

In den oberen Zweigspitzen finden sich, nahe dem frischen Austrieb des Frühjahrs, die Winterquartiere der Knospenwickler, Blattsauger, Ringel- und Schwammspinner. Sie alle müssen abgeschnitten werden, bevor sie im Frühling ausschwärmen und sich seuchenhaft vermehren. Dort hängen auch die Fruchtmumien, d.h. abgestorbene Früchte, in denen Schädlinge oder Krankheitskeime überwintern. Sie werden deshalb entfernt.

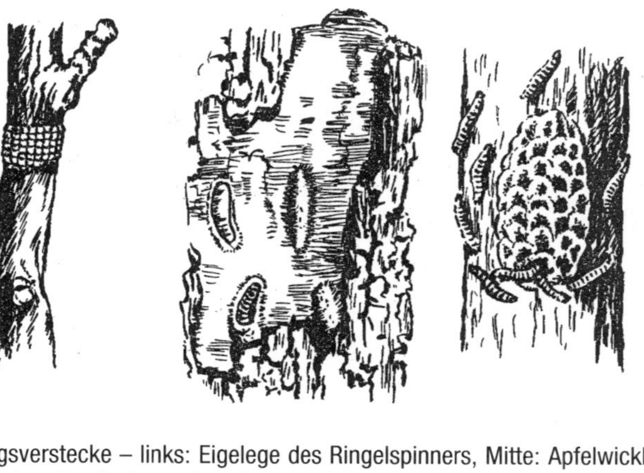

Oben: Schädlingsverstecke – links: Eigelege des Ringelspinners, Mitte: Apfelwicklerraupen im Kokon unter alter Borke, rechts: junge Apfelgespinstmotten verlassen ihr Gelege. Rechte Seite: Schädlingsverstecke muß man suchen.

„Mohrenköpfe“

In Fruchtmumien am Baum überwintert die gefürchtete Monilia. Aber auch die „Mohrenköpfe“ im Obstlager zeigen, daß die Früchte während des Sommers von Moniliapilzen befallen wurden. Es geschieht oft über Nacht, daß außen scheinbar völlig gesunde Äpfel plötzlich schwarzbraun verfärbt sind und ringförmige Sporenpolster ausbilden. Die Krankheit kann sich so verheerend auswirken, daß in manchen Anbaugebieten der Obstanbau allein deswegen gänzlich eingestellt werden mußte.

Der Pilz kommt mit mehreren Arten ebenso auf Birnen, Pflaumen, Pfirsichen und Zwetschgen vor, am häufigsten bei den großen Eierpflaumen. In feuchten Jahren vertrocknen einzelne Zweige der Schattenmorellen, die Blätter verbräunen nach der Blüte und während des ganzen folgenden Sommers. Die braunen Trauerfahnen mit vertrockneten Blüten sind das erste Zeichen von Monilia.

Die von der Spitzendürre befallenen Zweige sterben nach unten hin weiter ab, und sie müssen daher sofort bis ins gesunde Holz auf eine passende Verzweigung zurückgeschnitten werden. Geschieht das nicht, kann sich der Pilz auf den ganzen Baum ausbreiten und ihn absterben lassen. So sind binnen weniger Wochen schon ganze Obstanlagen dahingerafft worden.

Der Pilz gelangt durch offene Wunden in das pflanzliche Gewebe. Es kommt also darauf an, Verletzungen durch Wespen und andere Fruchtschädlinge wie Pflaumen- und Apfelwickler mit vorbeugenden Maßnahmen zu vermeiden. Schnitt- und andere Wunden sind sofort mit Wundpflegewachsen zu verschließen. Alle befallenen Früchte oder Pflanzenteile müssen aus dem Garten entfernt und außerhalb vernichtet werden.

Fruchtmumien dürfen nicht an den Zweigen hängen bleiben, auch die Stiele müssen entfernt werden.

Der gefürchtete Mehltau

Weil Monilia- und andere Schadpilze in den Knospen überwintern, hat man zur Vorbeugung alle Zweigspitzen des Steinobstes abgeschnitten, um es gesund zu erhalten. Aber das Gegenteil trat ein: Viele geschnittene Bäume waren dem Krankheitsbefall stärker ausgesetzt als weniger beschnittene. Hinzu kommt, daß man sich den Ertrag wegschneidet, wenn die Fruchtruten gekürzt werden. Es kommt vielmehr darauf an, ein lockeres Kronengerüst zu erziehen, in dem die Fruchtäste gleichmäßig um die Stammverlängerung verteilt sind.

Das Wurzelgeflecht des Mehltaupilzes überwintert in den Knospenschuppen und überzieht von dort aus im Frühjahr den jungen Austrieb. Man erkennt das deutlich an dem mehligen, flockigen, weißlichen Belag auf Trieben und Blättern, sogar die Blütenblätter können von Pilzrasen überzogen sein. Von hier aus kommt es zur Zweitinfektion mit Sommersporen auf später ausgetriebenen Blättern.

Erkrankte Triebe erkennt man an den schwächlich entwickelten Knospen und der grauen Färbung des Holzes. Beim Baumschnitt im Winter achtet man sorgfältig auf diese Anzeichen und schneidet alle Triebe bis in das gesunde Holz zurück. Nach dem Austrieb sollte man zumindest bei jüngeren Bäumen alle befallenen Zweige wegschneiden und wegbringen.

Die besten Blütenknospen der Stachelbeeren wachsen am Grund einjähriger Triebe. Man kann deshalb dem Amerikanischen Stachelbeermehltau vorbeugen, indem die Triebspitzen rundherum geschnitten werden.

Echter Mehltau, oben an Rosen, unten an Stachelbeeren.

Krebsgefahr

Nach neuen Erkenntnissen ist die Ansteckungsgefahr bei Obstbaumkrebs während des Blattfalls am größten. Die Blattnarben sind die zahlreichsten Infektionsstellen, und so erklärt sich das auffällige Absterben des Rindengewebes um die Augen herum. Im übrigen dringen die Krebssporen durch Wunden aller Art ein, die durch Hagelschlag, Frostrisse und -platten, Grindschorf und Baumschnitt entstehen. Die Wundpflege ist darum vorbeugender Pflanzenschutz.

Krebsbefall erkennt man an jungen Trieben an der Rinde, die um die Knospen herum eingesunken wirkt. Die Befallsstellen färben sich braun und zeichnen sich deutlich gegenüber dem frischen Grün der gesunden Bastschicht ab. Am auffälligsten sind die Krebswunden an älteren Ästen.

Wenn es dem Baum gelingt, den Pilz mit starker Kallusbildung zu überwuchern, spricht man von geschlossenem Krebs, der im Innern der Knollen jedoch ungehindert weiter wächst und sein Zerstörungswerk fortsetzt. Meist sind die krebsigen Stellen offen, so daß die Leitungsbahnen unterbrochen werden und oberhalb der Wunden Spitzendürre entsteht.

Alle ausgesprochen feuchten Gebiete sind in verstärktem Maße krebsgefährdet. Ebenso ist auf fruchtbaren sowie vernäßten Böden mit vermehrtem Befall zu rechnen. Schließlich haben Versuche bewiesen, daß zu reichliche Stickstoffdüngung die Bäume anfälliger für Apfelkrebs macht. Krebswucherungen müssen bis ins gesunde Holz ausgeschnitten, mit einem Stechbeitel ausgemeißelt und mit einem desinfizierenden Baumwachs zugestrichen werden.

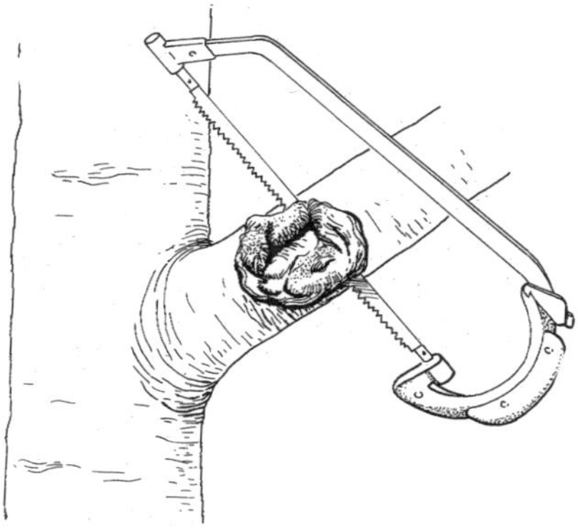

Oben: Krebswucherungen bis ins gesunde Holz ausschneiden. Rechts: Befallene Äste werden bis an die Ansatzstelle abgesägt.

WOLF Geräte
WOLF Geräte

Krebsvorsorge

In krebsgefährdeten Lagen genügt die mechanische Bekämpfung mit Säge und Stechbeitel nicht. Hier muß während des herbstlichen Blattfalls mit einem Kupfermittel gespritzt werden, um die Blattnarben mit einem schützenden Belag zu versehen.

Sobald der Blattfall einsetzt, spritzt man Cupravit (Ob 21) 0,5 - bis 1%ig (50 bis 100 g auf 10 l Wasser), ein zweites Mal in der Mitte und noch einmal kurz nach Abfall der letzten Blätter. Regnet es so heftig, daß der schützende Kupferbelag abgewaschen wird, kann eine weitere Spritzung notwendig werden, die sich auch zur Zeit des Knospenschwellens empfiehlt.

Wie weit das Pilzmyzel bereits in das Holz vorgedrungen ist, erkennt man an der Rötung des Bastgewebes. Die Krebswucherungen sind über diese Zone hinaus auszuschneiden, um sicher zu sein, daß der Erreger beseitigt ist. Auf die rohen Holzflächen pinselt man ein Verschlußmittel, das ihr Austrocknen verhindert.

Ein gutes Mittel zur Behandlung von Krebswunden muß leicht streichfähig sein, die Wundstelle dauerhaft abdecken und die Heilung fördern, ohne daß an den Wundrändern neue Infektionsstellen entstehen. In Versuchen hat sich Santar M von Sandoz, Spieß und Urania am besten bewährt, da es die schnelle Überwallung fördert, so daß es auch für die normale Wundbehandlung eingesetzt werden kann.

Apfelbäume auf schwach wachsender Unterlage haben häufig Wurzelkrebswucherungen, die ein Bakterium auslöst. Man schneidet die Wucherungen ab und kann dann ohne weitere Pflanzenschutzmaßnahmen pflanzen. Weitere Folgen sind nicht zu befürchten.

Vor, während und nach dem Blattfall wird in krebsgefährdeten Lagen mit einem Kupfermittel gespritzt.

Schorf und Rost

In den abgestorbenen Blättern am Boden überwintern die Schorfpilze, eine der verheerendsten Krankheiten des Apfels. Hier erst bilden sich in krugförmigen Gebilden die zweizelligen Wintersporen. Von Anfang April bis Mitte Juni werden sie nach Regenfällen ausgestoßen und in die Baumkronen geweht.

Damit nicht schon die ersten jungen Blätter infiziert werden, muß alles verdächtige Herbstlaub restlos vernichtet werden. Im Kompostbereiter kann es keinen Schaden mehr anrichten, aber es darf nicht, wie in letzter Zeit immer wieder vorgeschlagen wird, als Bodendecke zur Humusgewinnung und als Frostschutz auf dem Boden unter den Bäumen liegen bleiben.

Aus dem mausgrauen Pilzbelag auf den Blattoberseiten entstehen massenweise Sommersporen, die vom Regen über die ganze Baumkrone verteilt werden. Treffen sie auf junge Früchte, verkorkt an diesen Stellen die Fruchtschale, das Zellwachstum hört auf, die Früchte platzen, und in die Risse dringen Fäulniserreger ein. Bis in den Herbst, sogar noch während der Ernte, können sich die Früchte anstecken, und im Keller breitet sich danach Lagerschorf aus. Darum wird nur bei sonnigem, trocken-warmem Wetter geerntet, nachdem es einen Tag nicht geregnet hat. Das fallende Laub harkt man aus besagten Gründen sofort weg.

Früchte rosten, wenn die Fruchthaut beschädigt war und Kork darauf gewachsen ist. Dafür gibt es zahlreiche Ursachen, die zum Teil nicht zu beeinflussen sind. Es ist hilfreich, wenn die Bäume ausgewogen ernährt sind, auf humusreichen, gut durchlüfteten Böden stehen, das Grundwasser nicht zu hoch steht und der Untergrund nicht verdichtet ist.

Oben: Von Schorf befallene Blätter. Rechts: Verdächtiges Herbstlaub muß aus dem Garten entfernt werden (oben); von Schorf befallener Apfel (unten links), später durch Braunfäule vernichtet (unten rechts).

Pilzkrankheiten

Weniger bekannt, aber um so gefährlicher sind Holzpilze wie der Milch- oder Bleiglanz an Pflaumen und Zwetschgen. Einzelne Äste oder ganze Bäume zeigen dabei an ihren Blättern mattsilbernen Glanz und sterben danach allmählich ab, ohne daß man etwas dagegen tun könnte. Der Pilz wuchert unerreichbar in den Gefäßzellen, deshalb müssen kranke Äste sofort abgeschnitten und außerhalb des Gartens vernichtet werden. Die Astwunden werden wie nach Krebs verbunden. Stärker befallene Bäume müssen gerodet werden, da der Pilz von Baum zu Baum wandert. Frostschäden und ein schlechter Boden machen die Bäume anfällig.

Als Folge eines Pilzbefalles entdeckt man im Sommer an Apfelbäumen die Spuren von Rindenbrand: abgestorbene Triebe mit braunen Blatt- und Blütenresten. An den Schadstellen ist die Rinde eingesunken; schneidet man sie auf, erscheint das Holz darunter braun. Die zerstörten Leitungsbahnen lassen den Zweig oberhalb absterben. Nach einem sommerlichen Hagelschlag kann der Fall bedrohliche Ausmaße annehmen, weil die Sporen auf die Früchte stäuben und dort kreisrunde Faulstellen erzeugen. Es muß wieder bis ins gesunde Holz zurückgeschnitten werden.

Das macht man vorsorglich auch bei abgetragenen Himbeerruten nach der Ernte. Es dürfen keine Stumpen stehenbleiben, in denen die Himbeerrutenkrankheit überwintern könnte. Sie zeigt sich an den jungen Ruten ab Juni oder Juli mit blauvioletten Flecken. An diesen Stellen platzt die Rinde später auf und stirbt ab. Sofort ab Auftreten muß alle zehn Tage Kupfer gespritzt werden. Der rechtzeitige kräftige Schnitt verhindert sicher, daß sich die Rutenkrankheit weiter ausbreitet.

Das Rutensterben der Himbeeren beginnt mit dunkler Verfärbung unterhalb der Knospen; die kugeligen Auftreibungen sind von der Himbeergallmücke verursacht.

Glasflügler und Gallenleiden

Nicht immer sind Pilze die Ursache, wenn Triebe welken oder absterben. Aufsteigende und absteigende Rosentriebbohrer erinnern daran, daß es auch tierische Schädlinge gibt, die den Gehölzen unter die Rinde gehen. Im Innern von leicht brechenden Johannisbeerzweigen findet man z.B. eine Raupe. Der Glasflügler hat dort im Mai seine Eier vorwiegend an Schnittwunden abgelegt. Die Larve frißt sich sofort ein und bohrt, vom Holz geschützt, Gänge. Hier kann man nur noch die befallenen Triebe abschneiden und verbrennen.

Wenn Johannisbeerblätter aussehen wie Brennesselblätter, sind sie von Viren befallen, gegen die man machtlos ist. Sie werden von der Gallmilbe übertragen, einer 0,2 mm langen, weißlichen Milbe mit zwei Beinpaaren, die im Inneren von Knospen lebt. Bei den schwarzen Johannisbeeren schwellen die Knospen davon stark an oder sterben im Winter ab. Da die Johannisbeergallmilben im Frühjahr mit dem Wind und anderen Insekten viele hundert Meter weit verbreitet werden, müssen alle verseuchten Knospen und Rundknospen vorher abgeschnitten und beseitigt werden.

Es gibt an Rosen, Haselnüssen, Eichen, Buchen, Pappeln und vielen anderen Gehölzen zahlreiche andere Gallen, runde und glatte oder struppig behaarte Gebilde, in den Laubfarben oder abstechend weiß und rot. Sie schädigen die Pflanzen nur, wenn sie in größeren Mengen auftreten. Die Einstiche von Gallwespen, die in jungen Blättern oder Nadeln ihre Eier ablegen, veranlassen die Pflanze zur Ausbildung der Gallen als Schutz vor Parasiten. Ein Massenbefall wird mit der Gartenschere bekämpft.

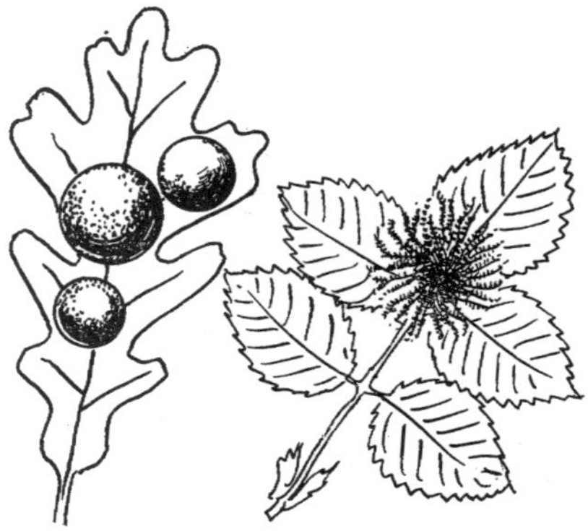

Oben: Pflanzengallen links an Eichenlaub, rechts an Rosenblatt. Rechts: Gallen an Himbeerruten von der Himbeergallmücke.

Kleiner Frostspanner

Der Kleine Frostspanner ist ein Großschädling im Obstbau. In manchen Jahren frißt er die Bäume restlos kahl, wenn nichts vorbeugend unternommen wird. Die Jungraupen beginnen zwischen den sich öffnenden Knospen zu fressen. In ausgewachsenem Zustand werden sie 2,5 cm lang, zerstören Blatt- und Blütenknospen und höhlen die jungen Früchte von Kirschen und Birnen kochlöffelartig aus. Alle anderen Obstarten haben ebenso darunter zu leiden, bis sich die Raupen Anfang Juni an einem Spinnfaden zu Boden lassen und in 5 bis 15 cm Tiefe unter der Erde verpuppen.

Daran kann man sie hindern, indem Anfang Oktober an Obstbaumstämmen, Hauptästen und Pfählen Leimringe angelegt werden, um die flügellosen Weibchen dieses Spanners zu fangen. Dafür nimmt man einen 20 cm breiten Streifen witterungsfestes grünes Papier und streicht grünen Raupenleim darauf. Die Farbe hält Nützlinge wie Flor- und Schwebfliegen davon ab, die Leimringe anzufliegen und dort kleben zu bleiben.

An Hochstämmen legt man die Leimringe in Brusthöhe an und bindet sie oben wie unten mit Draht oder Schnur so fest, daß kein Durchschlupf offen bleibt. Die Rinde wird vorher abgebürstet sowie geglättet, und zerklüftete Stämme werden mit Lehm oder Leim verschmiert. Wenn das Papier festsitzt, streicht man darauf mit dem Spachtel einen 8 cm breiten Streifen Raupenleim.

Bis Ende November muß regelmäßig kontrolliert werden, ob der Leim noch wirksam ist. Sind zu viele Frostspanner gefangen oder vom Herbstwind Blätter angeweht worden, muß bis Ende Januar die Haftfähigkeit erneuert werden.

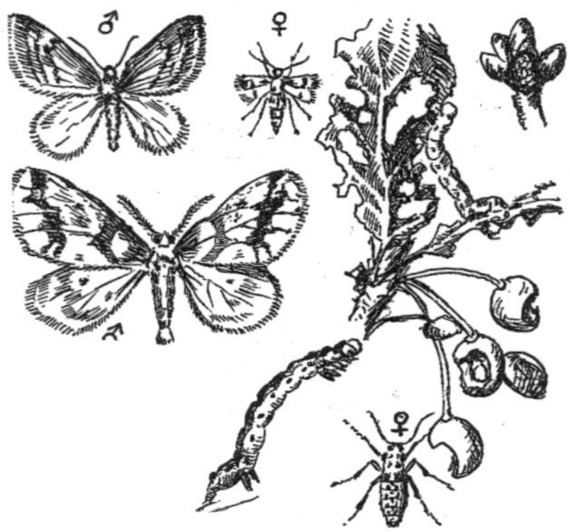

Oben: Frostspanner – oben: Kleiner, darunter: Großer, rechts: die Raupen. Rechte Seite links: Frostspannerraupe, rechts: Leimring.

Apfelwickler

Die Raupen des Apfelwicklers richten einen hohen Verlust in den Früchten an. Diese Schmetterlingslarven werden oft auch als Obstmaden oder -würmer bezeichnet. Die zweite Julidekade ist die bevorzugte Flugzeit der Apfelwickler, obwohl sich die Eiablage mehrere Wochen hinzieht. Jedes Weibchen legt bis zu 80 Eier ab, so daß schon wenige Falter einen Totalschaden verursachen können. Ein bis zwei Wochen später schlüpfen die jungen Raupen, dringen in die Früchte ein und fressen vier Wochen lang um das Kerngehäuse, bis sie ausgewachsen sind.

Im Hausgarten kann man dem Befall mit Wellpappgürteln vorbeugen, die als Schlupfwinkel zum Verstecken der Winterkokons angenommen werden. Um die Falter anzulocken, bringt man Anfang Juli in Brusthöhe um die Stämme und Pfähle einen Wellpappgürtel an, der nur am oberen Rand mit einem starken Bindfaden befestigt wird, damit die Raupen unten hineinkriechen können. Sie verpuppen sich teils darin, teils auf der Borke, wenn sie dort Verstecke finden. Ende April des nächsten Jahres werden die Fanggürtel abgenommen und verbrannt.

Vorbeugend wird außerdem täglich das Fallobst aufgelesen, denn die meisten vorzeitig abfallenden Früchte sind befallen. Die ausgeschnittenen Abfälle werden nicht auf den Kompost geworfen, sondern mit der Müllabfuhr weggebracht. Die Fenster der Obstkeller müssen mit Drahtgaze verschlossen sein, weil sich dort ebenfalls viele Raupen der zweiten Generation verstecken.

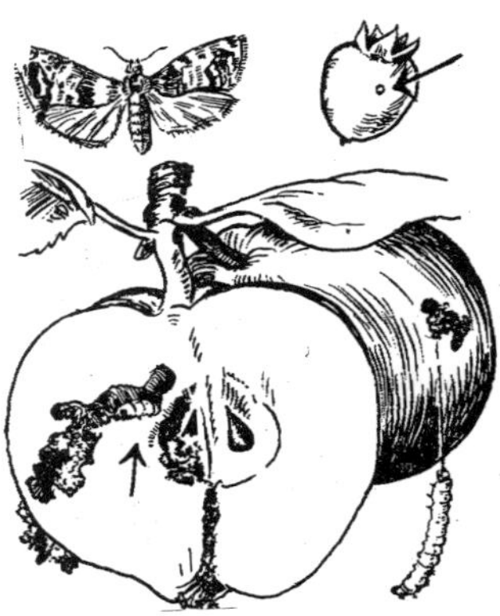

Oben: Apfelwickler – oben: der Falter, unten: Fraßschaden der „Obstmade“. Rechts: In der Flugzeit des Apfelwicklers Mitte Juli muß mit einem bienenungefährlichen Mittel gespritzt werden.

GLORIA
141

Frost- und Wildschäden

Ist es gegen Ende des Winters vorzeitig warm geworden, steigt der Saft, und wenn danach die Temperaturen in arktischen Nordostwetterlagen zu tief absinken, kann der Zellsaft zu nadelspitzen Eiskristallen gefrieren. Sie durchstoßen die Zellwand, und die Rinde stirbt ab. Das geschieht teilweise in großen Flächen, die Frostplatten genannt werden.

Lange Frostrisse können wieder zusammenheilen, wenn sie sofort wieder mit einer dicken Schnur zusammengebunden werden. Es muß erreicht werden, daß das Kambium wieder dicht auf den Holzzylinder gepreßt ist. (Das Kambium ist die teilungsfähige Zellschicht zwischen Holzteil und Rinde, die nach innen Holz-, nach außen Rindenzellen bildet.) Danach streicht man über die ganze Stelle kaltflüssiges Baumwachs auf Kunststoffbasis. Im Frühsommer muß dieser Verband aufgelöst werden, damit er nicht einschneidet.

Die Frostplatten können sich im Laufe des Sommers trotz aller Soforthilfe zu großen Stammwunden ausweiten, die blankes Holz freilegen. Sie werden ebenso wie Wildverbißschäden mit einem scharfen Messer an den Rändern glattgeschnitten und mit einem desinfizierenden Wundpflegemittel ausgepinselt. Das Kallusgewebe, mit dem die Bäume versuchen, alle Wunden zu überwallen, wird von geeigneten Verschlußmitteln nicht behindert. Es ist deshalb ratsam, nur solche Mittel einzusetzen, die von der biologischen Bundesanstalt anerkannt worden sind. Im Abschnitt 6.10 des jährlich neu erscheinenden Pflanzenschutzmittelverzeichnisses sind alle zugelassenen Mittel zur Wundbehandlung und Veredelung von Obst- und Ziergehölzen aufgeführt.

Stammschutz vor Wildschaden mit einem Gitterwickel.

Winterlicher Stammschutz

Als Schutz vor Frostwunden und Wildverbiß an Obstbaumstämmen sind Plastikmanschetten wirksamer als Verbißmittel und Maschendraht. Sie schützen die Rinde nicht nur vor vorzeitiger Erwärmung, sondern mindern auch die Frosteinwirkung. Manschetten mit Befestigungslaschen sind besser als Spiralen, die vom Niederwild beiseitegedrückt werden. In jedem Fall muß der Kunststoff gelocht sein, sonst entsteht zwischen Rinde und Manschette ein feuchtwarmer Dunst, der die Rinde frostempfindlicher macht.

Es hat sich herausgestellt, daß auch Krebsbefall zunehmen kann, wenn die Rinde unter der Plastikhülle verweichlicht und nach Tau und Regen nicht schnell genug wieder abtrocknet. Da es hinter dem Schutzmantel an Licht fehlt, bleibt die Rinde weicher und wird eher von Pilzen befallen. Außerdem sieht man die Rinde nicht mehr, so daß die Bekämpfung etwa bei Krebs nicht rechtzeitig einsetzt. Aus diesen Gründen wird empfohlen, die Manschetten in jedem Frühjahr, sobald Baumschnitt und Winterspritzung beendet sind, zu entfernen.

Rosenhochstämme überstehen den Winter unbeschadet unter Frostschutzhauben, deren weiß pigmentierte Folie die warme Wintersonne reflektiert, also vor Erwärmung bewahrt. Einen Kälteschutz bieten Rosenhauben, indem sie mit Holzwolle, zerknülltem Papier oder anderen lockeren Materialien ausgestopft werden. Wenn man sie unterhalb der Krone zusammenbindet, ist diese zugleich vor austrocknenden Ostwinden geschützt. Die Hochstämme brauchen mit diesem Frostschutz nicht zur Erde heruntergebogen und dort mit lockerem Material unter Fichtenreisig abgedeckt zu werden.

Oben: Plastikmanschette als Wildschadenverhütung. Rechts: Vor allem junge Baumstämme sind durch Niederwild gefährdet.

Frostwunden überbrücken

Die Frostschäden an Baumstämmen sind oft so großflächig, daß der Baum sie selbst nicht schnell genug überwallen kann. Mit Hilfe von einjährigen Reisern lassen sich größere Stammwunden überbrücken.
Unterhalb von Wundflächen staut sich der Nährstoffstrom aus dem Boden, schlafende Augen werden wach und treiben Ausschläge, die man oberhalb der zerstörten Rindenfläche einveredeln kann. Die Zweigspitzen schneidet man so zurecht, daß sie einige Zentimeter länger sind als der obere Wundrand. In diesen zieht man parallel zwei senkrechte Schnitte im selben Abstand, wie das einzuveredelnde Reis dick ist. Der Rindenstreifen wird nach oben hin vom Holz abgehoben und die flach geschnittene Reisspitze in die entstandene Öffnung eingeführt. Danach klappt man den Rindenstreifen über den Kopulationsschnitt am Reisende und treibt einen Drahtstift durch Rinde und Reis in das Holz. Zum Schluß wird das Ganze mit Baumwachs verstrichen.
Haben sich unter der Wundstelle keine Wasserreiser gebildet, schneidet man von anderen Zweigen im Winter einige Reiser ab und bereitet sie wie für die Veredelung vor (Näheres darüber in dem Band „Gehölzschnitt“ in dieser Reihe). Sie erhalten im Frühjahr, sobald die saftig gewordene Rinde sich löst, an jedem Ende einen Kopulationsschnitt, dessen Schnittfläche dem Stamm zugekehrt ist. Wo diese auf den Stamm unter- und oberhalb der Verletzung zu liegen kommen, macht man T-Schnitte und setzt die Reiser ein. Befindet sich die Wundstelle am Wurzelhals, pflanzt man eine oder mehrere „Ammen“ (Jungpflanzen) davor und veredelt diese oberhalb der Wunde in den Stamm ein. Gute Baumschulen liefern das passende Pflanzenmaterial dafür.

Oben: Größere Rindenwunden an Obstbaumstämmen können von Jungtrieben überbrückt werden, die ober- und unterhalb einveredelt werden. Rechts: So große Stammwunden dürfen nicht offen bleiben.

Herbstfeuer mit Genehmigung

Früher gehörte der würzige Duft brennenden Herbstlaubes und Kartoffelkrauts zum Herbst wie die Blätterfärbung der Laubbäume. Das Herbstfeuer ist die wirksamste und harmloseste Methode, um vorbeugend viele Krankheiten und Schädlinge aus dem Garten loszuwerden, da man nicht alle Abfälle kompostieren kann und auch die Heißrotte nicht immer ausreicht, um Überwinterungsformen auszumerzen.
Heute sieht die Lage grundsätzlich anders aus. Wer ein „Kartoffelfeuer" entzünden will, muß sich vorher eine Erlaubnis besorgen, obwohl nicht jede senkrecht zum Himmel steigende Rauchwolke eine Gefahr für die kommende Generation ist. Ein vernünftiges Herbstfeuer aus trockenen Ernterückständen ist unerläßlich, da sich eine Fülle von Bodenschädlingen, Krankheitskeimen und Unkrautvermehrungsformen ohne Chemie überhaupt nur auf diese Weise radikal vernichten lassen.
Allerdings darf man damit nicht die ganze Umgebung in dichten Rauch einnebeln und ausgerechnet dann feuchtes Laub schwelen lassen, wenn die Nachbarin ihre frisch gewaschene Wäsche auf der Leine hat. Dagegen gibt es schon im Bürgerlichen Gesetzbuch den berühmten § 906, der die „Zuführung von . . . Rauch, Ruß" verbietet. Mit dem genehmigten Verbrennen wartet man deshalb auf einen windstillen Tag und die richtige Tageszeit.
Es muß weiter sichergestellt sein, daß von dem Feuer im Garten keine Brandgefahr ausgeht. Daß kein Gummi, Kunststoff oder andere umweltschädlichen Stoffe verbrannt werden, ist ganz und gar selbstverständlich, auch ohne daß es erst verboten werden muß.

Das Herbstfeuer ist wirksamer Pflanzenschutz.

Der richtige Holzschutz

Altes Holz muß im Garten vor Schädlingen und Witterung geschützt werden, auch wenn es bereits verbaut ist. Dazu wird es in regelmäßigen Abständen mit einem Holzschutzmittel behandelt.
Vor dem ersten oder Erhaltungsanstrich sind alle offenen Flächen abzuschleifen oder -bürsten. Das gesunde, freigelegte Holz wird dann lackiert oder lasiert. Ein Voranstrich mit teerfreiem Holzschutzöl zieht in die Poren ein und macht die Oberfläche wasserabweisend. Ist das Holz danach völlig durchgetrocknet, kann es mit Ölfarbe oder Lack gestrichen werden.
Da Holzschutzöl in vielen Farben zu bekommen ist, kann man zwei- oder dreimal die Lasur auftragen. Dafür sollte man keine Dünnschichtlasuren verwenden, da sie zu oft erneuert werden müssen. Außerdem verbieten sich alle lösungsmittelhaltigen Klarlacke, die als Bootslack oder Polyurethansiegel gehandelt werden.
Besonders geeignet für den umweltschonenden Langzeitholzschutz sind viele Acryllacke mit dem blauen Umweltengel. Sie haben nur den Nachteil, daß sie lackähnlich decken und das Holz darunter verschwindet.
Für den dekorativen Schutz von Holz im Garten sind Dickschichtlasuren zu empfehlen. Über Jahrzehnte hinweg haben sich skandinavische Produkte bewährt, die mit weniger Abwehrstoffen mehr Schutzwirkung erzielen. Alle Holzschutzmittel werden satt aufgetragen, zwei- oder dreimal, vor allem auf die Hirnholzseiten, und alle vier bis fünf Jahre erneuert. Waagerechte Oberseiten und alle Teile, die mit Feuchtigkeit in Berührung kommen, werden jedes Frühjahr neu imprägniert.

Für alle Holzteile, die ganzjährig der Witterung ausgesetzt sind, gibt es umweltfreundliche Imprägnierungsmittel.

GLORIA
162

Vorratskeller

Der Pflanzenschutz hört mit der Ernte nicht auf, sondern verlagert sich nur in den Keller. Dort ist es meist relativ feucht, es bildet sich Schimmel an Wänden und Regalen, der auf das Lagerobst übergreift, wenn nicht gründlich vorgesorgt wird.

Oberflächenschimmel erzeugt einen stokkigen, muffigen Geruch, der sich auf die Äpfel und das Lagergemüse überträgt und ihren Geschmack verschlechtert. Schlimmer ist jedoch, daß verschiedene Schimmelarten als krebsfördernd entlarvt wurden, und da man nie weiß, mit welchem man es zu tun hat, sollte man sie alle meiden.

Lange vor der Ernte werden deshalb der Lagerraum, Wände, Kisten und Regale gut gereinigt und desinfiziert. An warmen Sommertagen wird gründlich gelüftet, damit die Oberflächen austrocknen und der Schimmelpilz nicht weiter wuchert. Ein dichter Schimmelbelag muß abgeschrubbt und mit einer warmen Reinigungslösung abgewaschen werden. Schimmel verschwindet, wenn konzentrierte Schwefelsäure in eine Schale mit Salz gegossen wird und zwölf Stunden im dicht verschlossenen Kellerraum steht.

Anschließend spritzt man Wände und Dekke mit einer Lösung von Dimanin A ab, die 0,5 bis 1%ig (50 bis 100 cm^3 in 10 l Wasser) angesetzt wird. Für einen Quadratmeter Wandfläche benötigt man etwa 50 cm^3 der Lösung, die für trockenen Untergrund höher konzentriert werden muß. Alle Holzteile werden mit 0,2%iger Lösung gewaschen oder darin eingetaucht. Ziegelsteine und Holzklötze, auf denen die Obsthorden gestapelt werden, taucht man in 0,4%ige Lösung. Fest eingebaute Holzteile werden mit 50 bis 100 cm^3 abgespritzt. Das Mittel ist für Mensch und Tier völlig unschädlich; es reizt weder die Haut noch die Augen.

Oben: Vorbildlicher Lagerraum für die Obst- und Gemüseernte. Rechts: Der Keller wird vorbeugend desinfiziert.

Kellerklima

Ein großes Kellerfenster ist zwar gut für frische Luft, aber es läßt zuviel Licht herein. Deshalb muß es zugehängt, oder die Scheiben müssen mit Farbe gestrichen werden. Im Herbst darf ein Fliegengitter nicht fehlen, weil sonst Ungeziefer von der lockenden Wärme und all den Vorräten angezogen wird. Um die Raumtemperatur herunterzukühlen, wird nachts gelüftet, und die Fenster werden tagsüber geschlossen, so daß etwa 8° Celsius oder etwas weniger erreicht werden.
Die relative Luftfeuchtigkeit muß zugleich bei etwa 80 bis 85 % gehalten werden. Im Normallager, das mit Frischluft gekühlt wird, erreicht man das am besten mit einer Isolierschicht aus Ziegelsteinen, die auf dem Kellerboden in Sand verlegt werden. Sie saugen sich voll Wasser und geben es gleichmäßig wieder an die Luft ab. Bei Bedarf feuchtet man den Ziegelboden mit der Gießkanne bis zur vollen Sättigung an.
Ist die Luft im Keller zu naß, zieht eine Schale Chlorkalium den Wasserdampf an, bis sich regelrecht Wasser darauf absetzt. Die wasseranziehende Wirkung läßt sich immer wieder erneuern, indem das Pulver erhitzt wird. Ebenso hilft Katzenstreu in einem flachen Gefäß, und eine flache Schale, gefüllt mit gewöhnlichem Haushaltssalz, zieht so energisch Feuchtigkeit aus der Luft, daß es zwei- oder dreimal in der Woche erneuert werden muß. Es kann wieder verwendet werden, nachdem es getrocknet wurde.
Schwitzende Kellerwände werden gründlich abgewaschen und mit einem Heizgerät getrocknet. Danach wird eine Mischung aus neun Teilen Ziegelsteinpulver mit einem Teil Blei-II-Oxid mit Leinöl streichfähig gemacht und aufgetragen.

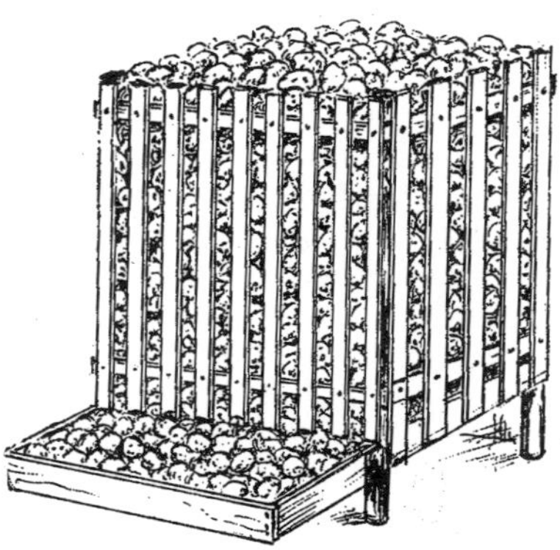

Oben: Kartoffelkiste, aus der unten entnommen wird, so daß die Knollen stetig nachrutschen und dabei ihre Berührungsstellen ändern. Rechts: Äpfel halten sich im Keller bis zur Genußreife, wenn die Luftfeuchtigkeit stimmt.

NAVELS

Lagergut isolieren

Überall, wo Heizungsrohre verlaufen oder der Keller insgesamt zu warm ist, sollte mit Hartschaumplatten isoliert werden. Eine 1 cm starke Schicht hat die wärmedämmende Wirkung einer 20 cm Vollziegelmauer, so daß 2 cm davon genügen, um die kühle Nachtluft zu speichern.

Das leichte Material läßt sich so einfach bearbeiten, daß man mit dem normalen Werkzeugkasten auskommt. Es wird auf die glatte Wand geklebt oder an aufgedübelten Leisten befestigt.

Lagerobst sollte nach Möglichkeit nicht mit Kartoffeln, Kopfkohl oder Sauerkraut zusammen in einem Raum lagern. Die Aromastoffe der reifenden Früchte verkürzen die Haltbarkeit anderer Erntevorräte, umgekehrt übertragen sich deren Ausdünstungen auf das Obst und mindern seinen Geschmack.

Da meistens nicht genug Keller vorhanden sind, um in getrennten Räumen zu lagern, kann man mit Schaumstoffplatten getrennte Abteilungen voneinander isolieren. Es genügt auch schon, über die frei im Raum gestapelten Obsthorden eine Folie zu ziehen, die die Feuchtigkeit konstant hält.

Es sind schon viele Versuche mit Lagerfrüchten in Polyäthylenbeuteln unternommen worden. Die Ergebnisse waren durchweg ermutigend mit einer 0,03 bis 0,05 mm starken Lupolenfolie, die nicht perforiert oder gelüftet werden muß. Die Äpfel werden zwei Wochen vor ihrer Pflückreife abgenommen und zwei Tage später in die Beutel gefüllt. Wenn die Kellertemperatur unter 8° liegt, verschließt man die Beutel. Vor dem Verzehr müssen die Früchte einige Tage nachreifen.

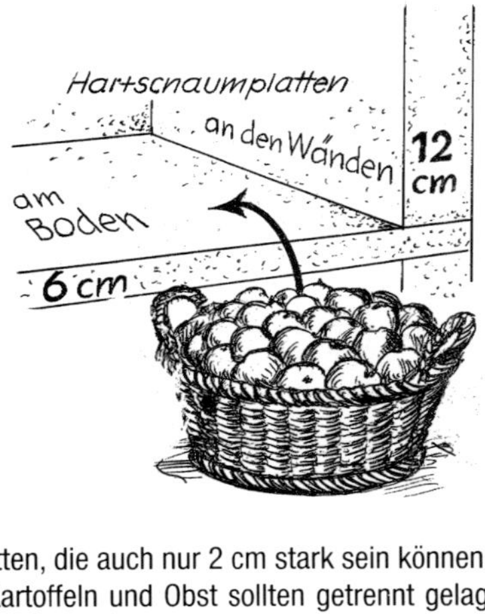

Oben: Hartschaumplatten, die auch nur 2 cm stark sein können, verbessern das Klima im Lagerraum. Rechts: Kartoffeln und Obst sollten getrennt gelagert werden.

Lagerkrankheiten

Frischluft beugt den Lagerkrankheiten des Obstes vor, die nicht von Pilzen oder Parasiten verursacht werden und deshalb physiologisch genannt werden. Es sind Stoffwechselstörungen, gegen die man schon im Sommer etwas tun muß:

Stippigkeit ist die häufige inselartige Verbräunung des Fruchtfleischs. Zu nahrhafter Boden und viel Regen ist die häufigste Ursache. Dagegen spritzt man vier Wochen vor der Ernte zweimal mit 0,5 bis 1 % Kalziumnitrat und vermeidet es, die Früchte zu groß werden zu lassen. Diese werden aussortiert und zuerst verbraucht.

Glasigkeit ist bereits am Baum an stellenweise wäßrig-glasigem Fruchtfleisch zu erkennen. Anfällig sind „Cox Orangen-Renette", „Goldparmäne" und „Melba". Vorbeugend wird genau bei der richtigen Pflückreife geerntet, befallene Partien werden aussortiert und zuerst verwertet.

Schalenbräune zeigt sich nach hohen Regenmengen im Sommer und trockenem Herbst. Die Fruchtschale verbräunt vor allem auf der Schattenseite von „Boskoop", „Cox Orangen-Renette", „Horneburger", „James Grieve" und „Martini". Dagegen hilft, den richtigen Pflücktermin einzuhalten, die Lagertemperatur und relative Luftfeuchtigkeit niedrig zu halten und viel zu lüften.

Lentizellenflecken entstehen nach schlechter Witterung bei „Cox Orangen-Renette", „Golden Delicious", „Finkenwerder" und „Martini". Sie haben einen roten Hof und werden deshalb Rottüpfelkrankheit genannt. Befallene Früchte aus dem Lager entfernen!

Apfel mit Stippeflecken, von außen und innen betrachtet.

Ohrwürmer

Ohrwürmer sind in Maßen nützliche Schädlingsvertilger, in Massen aber gefräßige Pflanzenschädlinge. Sie zerstören Dahlienblüten und andere Zierpflanzen, Früchte, das Kraut von Wurzelgemüse und Erbsen, Gurken und Zwiebelgemüse bis hin zum völligen Kahlfraß.

Ohrenkneifer (es sind weder Würmer, noch kneifen sie in Ohren; sondern es handelt sich um Insekten der Überordnung Geradflügler) haben sich in Untersuchungen der Versuchsanstalt für Obstbau in Köln-Auweiler als eifrige Blattlausvertilger bewährt. Sie fressen auch andere pflanzenschädliche Insekten wie Milben, Maden und Raupen, und an Gehölzen im Freiland machen sie sich nützlich, indem sie moosige Rinden, in denen Schädlinge versteckt sind, sauber abweiden.

Da sie sich bei Tagesanbruch in hohle Stengel verkriechen, braucht man ihre natürlichen Schlupfwinkel nur durch künstliche zu ersetzen. Bewährt haben sich mit Holzwolle gefüllte Blumentöpfe, die man umgekehrt aufhängt. Damit die Füllung nicht herausfällt, biegt man einen starken Draht spiralig, schiebt das längere Ende durch das Abzugsloch, dreht dann die Spirale in die Holzwolle ein und biegt am anderen Ende einen Haken zum Aufhängen.

Damit sich Ohrwürmer einfinden, stülpt man die Töpfe zunächst auf Dahlienstäbe oder stellt sie leicht angekippt auf den Erdboden. Durch kleine Schlupflöcher dringen sie lieber ein als durch große Öffnungen, deshalb werden die Töpfe oft unten zugebunden und nur schmale Spalten offengelassen. Auch die beliebten „Ökokugeln“ dienen den Ohrwürmern als Quartier. Im Handel sind richtige Ohrwurmnester zu bekommen.

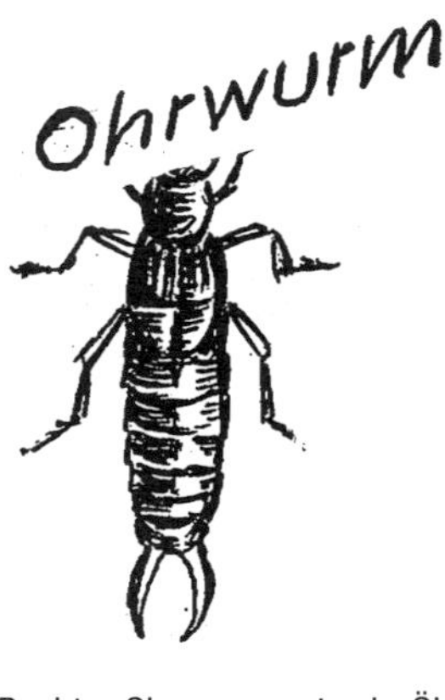

Oben: Der nützliche Ohrwurm. Rechts: Ohrwurmnester in Ökokugel zwischen Zwergrosen (oben) und im mit Holzwolle gefüllten Blumentopf.

Ameisen

Von den ungefähr 6000 Ameisenarten der Welt leben 80 in Mitteleuropa. Als nützliche Schädlingsbekämpfer, die unzählige nadel- und laubfressende Raupen in ihre großen Burgen schleppen, haben sich die Großen Roten Waldameisen bewährt. Sie stehen unter Naturschutz und dürfen weder gestört noch getötet werden.

Aber es gibt auch die kleinen schwarzgrauen Wegameisen, die im Garten schädlich sind. Sie schützen und hegen Blatt-, Schild- und Mottenschildläuse und tragen zu ihrer Verbreitung bei, um deren zuckerhaltige Ausscheidungen als Nahrung aufzunehmen. Auf dem Rasen und in Polsterstauden ersticken die aus Erde gebauten Ameisenhaufen die flachwachsenden Pflanzen. Im Frühjahr fressen die Wegameisen den frischen Austrieb an, um sich am Pflanzensaft zu laben, und sie zernagen Blüten, wenn sie nicht anders an die Nektarquelle herankommen. In Kleingewächshäusern und Frühbeeten schaden sie den Aussaaten vor dem Keimen, indem sie die Samenkörner in ihre Nester tragen. Im Haus sind sie ebenfalls nicht gerade beliebt, vor allem weil sie zu bevorzugten Zielen ganze Ameisenstraßen anlegen.

Solche Ameisenwege ins Haus kann man mit abschreckenden Düften wie Tomatenkraut, Lavendelzweigen, Thymian und Majoran unterbrechen. Im Garten stellt man mit trockener Erde gefüllte Blumentöpfe über die Nester. Die Ameisen tragen ihre Puppen hinein und können dann weggebracht und in der freien Natur ausgesetzt werden. Nester zwischen Trittplatten kann man mit scharfem Strahl auswaschen oder einen Ameisenköder in der Nähe anbringen.

Ameisenhaufen der Roten Waldameise (oben); Ameisennester zwischen Trittplatten (unten).

Wespen

Die Deutschen Wespen sind im Garten schädlich, weil sie reifendes Obst anfressen, das anschließend von Fäulnispilzen befallen wird. Es kann auch gefährlich sein, wenn man sie beim Essen versehentlich in den Mund bekommt. Als Fleischfresser machen sie sich allerdings auch nützlich, weil sie schädliche Insekten an ihren Nachwuchs verfüttern.

Bevor sie jedoch den Garten an warmen Sommertagen vor allem für kleine Kinder unbewohnbar machen, sollte man vorbeugend etwas gegen sie unternehmen. Von jedem Volk überwintern 20 bis 30 befruchtete Weibchen (Königinnen) im Haus, Gartenhaus oder Kleingewächshaus, wo es warm und trocken ist. Werden sie dort aufgespürt, sollte man sie unschädlich machen. Man erkennt sie daran, daß sie etwas größer sind als normale Wespen, die im Herbst absterben.

Das Nest bauen die Wespenköniginnen erst im Frühjahr und legen darin bis zu 1500 Eier ab. Das sollte rechtzeitig verhindert werden, indem Köderflaschen mit engem Hals aufgehängt werden, die zwei Fingerbreit hoch mit Lockstoffen wie Zukkerwasser, Sirup, Apfelsaft mit Essig oder Bier gefüllt sind. Das lockt sie von weither an, und sie gehen in die Falle, aus der sie sich nicht wieder befreien können.

Frei hängende Nester aus grauem, papierähnlich zerkautem Holz kann man spätabends, nachts oder früh am Morgen abnehmen, solange die Wespen nicht fliegen. Dabei sollte man vorsichtig vorgehen und zum eigenen Schutz eine Plastiktüte darüberstülpen.

Von Deutschen Wespen am Stielansatz angenagte Birne.

Schnecken

Was für eine Plage die Schnecken im Garten sind und wie schwer es ist, sie loszuwerden, das beweist ein neues Buch, das sich ausschließlich damit befaßt. Es gibt zahllose Hausmittel, die sie anlocken oder abschrecken sollen.
Ein Glas Bier, das bis zum Rand im Boden vergraben wird, lockt Schnecken an. Neu ist ein flüssiges Lockmittel (Limagard, Celamerck) mit natürlichen Pflanzenextrakten aus lebensmittelrechtlich zulässigen Stoffen, deren Lockvermögen bis zu 3 m Entfernung wissenschaftlich nachgewiesen ist. Der enthaltene Alkohol macht die Tiere schmerzlos bewußtlos und lähmt sie.
Während der Eiablage im Herbst kann man mit Holzwolle unterirdische Nester auspolstern, in denen sich Häufchen mit bis zu 400 Eiern finden. Statt Holzwolle kann man auch Kompost oder andere organische Materialien verwenden, die dort vergraben werden, wo die Schnecken sich nachts zurückziehen.
Schnecken meiden bestimmte Pflanzendüfte wie den von Begonien. Man schneidet eine Pflanze in fingerbreite Stücke, setzt diese drei Stunden in zehn Litern Wasser an und gießt die Brühe um gefährdete Pflanzen.
Um gefährdete Beete legt man Schutzstreifen, über die Schnecken nicht gern kriechen. Dazu eignen sich Asche, Farnkraut, Feinsand, Fichtennadeln, Gerstenspreu, Gesteinsmehl, 30 g Lösch- oder Branntkalk auf 1 m^2, Ruß, Sägemehl oder Tonerde. Sie müssen nach einem starken Regen notfalls erneuert werden. Knoblauch, Brennesseln und Senf können ebenso abschirmen.

Hainbänderschnecke (oben); Schneckenfalle wird eingegraben (unten).

Gelbtafeln locken

Auf dem schnellsten Wege finden sich fliegende Schadinsekten überall auf den Pflanzen ein, wenn mehrere einer Art beisammen stehen. Das ist die Regel auf Gemüsebeeten, im Obstgarten, aber auch auf dem Balkon und in Unterglaskulturen. Selbst wenn es anfangs nur einzelne Schädlinge sein sollten, die zu Beginn der Flugzeiten eintreffen, so legen sie doch alsbald ihre Eier, und schon nach kurzer Zeit sind es ganze Kolonien.

Wenn sich die Schadinsekten bereits vermehrt haben, sind sie meist nur noch mit chemischen Mitteln zu bekämpfen, und die von ihnen verursachten Schäden sind häufig nicht wiedergutzumachen. Sie mögen mit der Zeit überwachsen, aber die Wachstumsstockung und andere Schadbilder verschlechtern Ertrag und Aussehen auf Dauer.

Damit sie keine Saug- und Fraßschäden anrichten können, muß man die Weißen und Minierfliegen, Trauermücken und geflügelten Generationen von Blattläusen bereits im Anflug bekämpfen. Das ist mit neuen Fliegenfängern möglich, die gelb eingefärbt sind. Diese Farbe hat eine natürliche Lockwirkung auf Schadinsekten, die die mit geruchlosem Spezialleim überzogenen Plastiktafeln, -streifen und -stikker anfliegen und hängen bleiben.

Wichtig für die Fangwirkung ist, daß die Leimfolien spätestens bei Befallsbeginn aufgestellt, aufgehängt oder in die Töpfe gesteckt sind und stets in unmittelbarer Nähe der Zielpflanzen angebracht werden. Um etwa schon auf den Pflanzen schmarotzende Schädiger aufzuscheuchen, muß man die Pflanzen von Zeit zu Zeit einmal schütteln. Der Spezialleim ist extrem lange klebfähig und kann mit einer Sprühflasche erneut aufgetragen werden.

Gelbtafeln auf Gemüsebeet (oben) und in der Baumkrone zum Fangen der Kirschfruchtfliege (unten).

Blattläuse

An warmen Tagen sind viele Milliarden geflügelter Blattläuse in der Luft, so daß schon Bundesstraßen gesperrt werden mußten, weil die Wolken wie dichter Nebel die Sicht versperrten. Ihre ungeheure Vermehrungsrate macht sie zu den mit Abstand verheerendsten Pflanzenfeinden.

Die Blattläuse stechen das pflanzliche Gewebe an und saugen den Pflanzensaft aus. Das verursacht Wachstumsstörungen, geschwächte, verkrüppelte Triebe und Blätter, die sich krankhaft verfärben, und die untherernährten Früchte werden vorzeitig abgestoßen. Hinzu kommt, daß sie zahlreiche Viruskrankheiten verbreiten; Ruß- und Honigtau stellen sich ein und schwächen zusätzlich das Wachstum.

Blattläuse haben zwar zahlreiche natürliche Feinde wie die Marienkäfer, Schweb- und Florfliegen, aber man kann ihnen die Aufgabe, den Garten läusefrei zu halten, nicht allein überlassen. Einzelne Blattläuse kann man am Blatt oder Trieb zerdrücken, und einzelne befallene Triebe werden weggeschnitten und die Rinde gesäubert. Dichteren Befall pudert man mit Asche, Gesteinsmehl oder Algenkalk mehrere Male, bis sich darunter nichts mehr regt. Es gibt alternative Ratschläge wie mehrmaliges Einsprühen mit Brennesseljauche oder einem unverdünnten Extrakt von Farnkraut oder Kapuzinerkresse; auch Quassiaholz und Schmierseife sind hilfreich. Sicherer und schneller helfen die ebenfalls unbedenklichen Pyrethrum-Derris-Mittel, die gestäubt oder gespritzt werden. Vorbeugend gegen überwinternde Blattlauseier hilft die Austriebsspritzung.

Blattläuse auf der Blattunterseite links an Zimmerpflanze *(Cordyline fruticosa)* und rechts an Kapuzinerkresse.

Marienkäfer

Die hierzulande häufigste Art des Marienkäfers ist der Siebenpunkt. Er ist allgemein so beliebt, wie seine volkstümlichen Namen zeigen: Herrgottskäfer, Gottesschäflein und Sonnenkälbchen, und gilt als Glücksbringer.

Eine einzige Marienkäferlarve (Blattlauslöwe) frißt in 20 Tagen bis zu tausend Blattläuse, Blasenfüße (Thrips), Schildläuse, Milben und andere Insekten, ehe sie sich verpuppt. Das reicht aus, um ohne chemische Pflanzenschutzmittel mit einer mittleren Befallsdichte fertigzuwerden.

In heißen Sommern kann es, wenn es länger nicht regnet, zu einer Massenvermehrung der Marienkäfer kommen. Das ist in den letzten Jahren wiederholt geschehen und hat Panikmeldungen in die Medien gebracht: Vor den „Invasoren" seien die „Kurgäste geflüchtet". Tatsächlich mußten stellenweise Hauptverkehrsstraßen gesperrt werden, weil die fliegenden Käfer in dunklen Wolken die Sicht vernebelten.

Das ist jedoch die seltene Ausnahme, die aber zeigt, daß es sich lohnt, auf diese biologischen Schädlingsbekämpfer zu warten. Sie können sich natürlich nur ausbreiten, wenn sie in den Gärten ausreichend Nahrung finden.

Vor einigen Jahren wurden Marienkäfer aus Schleswig-Holstein nach Kanada eingeflogen, um große Bestände von Sitkafichten vor dem vernichtenden Läusebefall zu retten, und in Kalifornien wurden sie importiert, um ganze Orangen- und Zitronenhaine zu entlausen.

Marienkäfer mit sieben Punkten.

Igel

Unter Experten gilt der Igel als einzig wirksamer Schutz vor Wühlmäusen, den verheerendsten aller Gartenschädlinge. Ein Garten, in dem ein Igelpärchen lebt, ist frei von Mäusen, und die beiden mit ihren zahlreichen Nachkommen vertilgen zusätzlich große Mengen schädlicher Käfer, Larven, Würmer, Insekten und Schnecken. Nur wenig problematisch ist ihr Appetit auf die ersten jungen Gemüsesetzlinge und Blumen. Denn sie lassen sich davon ablenken, wenn in der Nähe ihres Verstecks ein kleines Eckchen Grünfutter gesät wird. Im übrigen sollte man sie keinesfalls mit dem immer wieder hingestellten Tellerchen Milch füttern – sie bekommt ihnen gar nicht.
Vielmehr brauchen Igel rohes Fleisch und Eier, Obst aller Art, Weißbrot und reichlich Trinkwasser. Wenn es noch nicht genug Lurche und anderes Feuchtraumgetier im Freien gibt, fressen sie sogar Süßwasserfische, die ihnen vorgelegt werden. Rindfleisch soll ihnen lieber sein als Pferdefleisch, sagt der Zoologe.
Darüber hinaus benötigen sie nur noch einen zusagenden Unterschlupf in trockenem Laub unter dichtem Gestrüpp. Die Paarungszeit beginnt unmittelbar nach dem Winterschlaf und endet erst spät im Sommer, fast schon im Herbst. Als Nest dient eine kleine, mit trockenem Laub oder Gras ausgepolsterte Höhle.
Nur sechs Wochen brauchen die Jungtiere, bis sie in der Lage sind, ihre eigenen Wege zu gehen. Aber ob die zuletzt Geborenen es noch schaffen, sich bis zum Winter das nötige Vorratsgewicht für den Winterschlaf anzufressen, ist fraglich. Zu leichte Jungtiere im Haus überwintern zu lassen, gelingt aber fast nie.

Oben: Igel mit Jungen. Rechts: Ein ideales Pflanzenschutzmittel ist das Igelpärchen im Garten.

Bewährte Hausmittel

Zur Schädlingsbekämpfung tragen zahlreiche Hausmittel bei: Alaun und Algen, Aschen und Brennspiritus, Gesteinsmehle und Tonerde, Schmierseife und Schwefelleber.

Die Seifenlösung ist ein breit wirksames Pflanzenschutzmittel. Dazu werden 50 bis 200 g Seife in 10 l Wasser gelöst. Eine spezielle Pflanzenschutzseife hilft gegen Insekten und Pilzkrankheiten zugleich, wenn man 100 bis 150 g in 10 l Wasser löst. Mit Tabakextrakt angereichert, erhöht sich die Wirksamkeit auf Blasenfüße, Blattflöhe, Gespinstmottenraupen, Mottenschildläuse, Jugendformen von Schild- und Schmierläusen sowie Zikaden.

Setzt man noch 40 cm^3 Spiritus zu, durchdringt die Lösung sogar den Panzer von Wolläusen und anderen gut geschützten Schädlingsarten. Das erreicht man auch mit 250 g Schmierseife, die heiß in 1 l Wasser mit 4 l Petroleum zu einer milchigen Brühe geschlagen und mit 10 l kaltem Wasser verdünnt wird. Eine Seifenlösung mit Leinöl wäscht zahlreiche Schadinsekten weg: 100 g Seife in 1 l heißem Wasser gelöst, gemischt mit 1 l kaltem Wasser und 1 l Leinöl.

Zwiebelschalen vertreiben Spinnmilben, wenn man viermal in zwei Wochen 20 g in 1 l Wasser überbrüht und damit spritzt. Gegen Blattläuse und manche Pilzkrankheiten kann vorgebeugt werden, wenn man diesen Tee öfter spritzt. Zwiebeljauche stellt man aus 500 g Zwiebelschalen in 5 l Wasser her, die man fünf bis sieben Tage stehen läßt. Verdünnt auf 1 zu 10 gießt man sie gegen Grauschimmel über Erdbeeren, auf 1 zu 20 gegen die Möhrenfliege zweimal wöchentlich. Einen Aufguß aus 50 g Zwiebelschalen, kurz in 0,5 l Wasser aufgekocht und abgekühlt, sprüht man gegen Spinnmilben an Obst und Gemüse oder unverdünnt über Lagerobst gegen Fäule.

Auch die Hausmittel zur Schädlingsbekämpfung werden mit den üblichen Spritzen aufgebracht.

Pflanzensäfte

Viele Auszüge von Pflanzenteilen enthalten Spuren von Wirkstoffen, die Schädlingen schaden und Pflanzen aktivieren.
Die Pflanzen kräftigen: Ackerschachtelhalm, 1 kg in 10 l Wasser, 1 zu 5 verdünnt; große Brennesseln zu Jauche vergoren, 1 zu 10 verdünnt auf den Boden gegossen oder 1 zu 20 verdünnt auf die Pflanzen gesprüht; von Kamillentee 2 Teelöffel auf eine Tasse; Löwenzahn, 2 kg in 10 l Wasser unverdünnt.
Schädlinge verschwinden, wenn sie mit Auszügen von Adler-, Wurm- und Rainfarn in unterschiedlichen Konzentrationen befeuchtet werden. Allgemein nimmt man 1 kg auf 10 l Wasser (= 100 g getrocknete Blätter). Rainfarn (eine Art Wucherblume) ist mit seinen getrockneten Blütenköpfen wirksam gegen tierische und pilzliche Schädlinge: 300 g werden in 1 l Wasser ausgelaugt und auf 1 zu 2 verdünnt.
Knoblauch hilft gegen Insekten und Bakterien: 150 g fein gehackt, mit 2 Teelöffeln Paraffin 24 Stunden eingeweicht, dazu 100 g Schmierseife in 10 l Wasser, gut gemischt und filtriert. Ebenso geht es mit 500 g Knoblauchzehen in kochendem Wasser.
Mit 0,3 % Schmierseife beseitigt 1 zu 5 verdünnte Schachtelhalmbrühe ganzjährig Läuse und Spinnmilben. Zusammen mit Blättern vom Meerrettich, in Wasser aufgebrüht, spritzt man alle zwei bis vier Wochen Bäume, die unter Monilia leiden.
Sud von Rhabarberblättern, 500 g in 3 l Wasser, wird unverdünnt gegen Lauchmotte und Bohnenblattlaus gespritzt.

Rhabarberblätter (oben) werden als Pflanzenschutzmittel in Wasser angesetzt (unten).

Florfliegen gegen Blattläuse

Die Gemeine Florfliege, auch Goldauge genannt, ernährt sich nicht nur von Blattläusen in großen Mengen, sondern auch von Milben und vielen anderen schädlichen Kleininsekten. Sie kann sogar einen Massenbefall verhindern.

Das Institut für Pflanzenschutz in Dossenheim hat festgestellt, daß der Nahrungsbedarf bei niedrigen Temperaturen höher ist: Bei 18° Celsius fraß jedes Tier 715 Blattläuse, bei 24° nur noch gut die Hälfte.

In der freien Natur überwintert die Florfliege als erwachsenes Tier in Rindenritzen und anderen Verstecken an Gehölzen. Dabei gehen jährlich 60 bis 90 % von ihnen zugrunde. Bessere Überlebenschancen haben sie in Scheunen und Dachböden, und man sollte sie dort lassen, selbst wenn der Boden von ihnen bedeckt ist.

Um sie im Winter am Leben zu halten, haben Wissenschaftler der Universität Bonn ein Florfliegenhäuschen entwickelt. Das ist ein würfelförmiger, mit Weizenstroh gefüllter Holzkasten von 30 cm Seitenlänge, der Anfang September auf einem 150 bis 180 cm hohen Pfahl aufgestellt wird. Am besten stellt man diesen frei auf den Rasen, von Haus und Bäumen entfernt auf, weil sich die Fliegen dann besser orientieren können. Ein roter oder brauner Anstrich dient als Lockfarbe, und eine Seitenwand ist lamellenförmig geöffnet, so daß sie sich sicher fühlen.

Florfliegeneier auf ihren 5 mm langen, fadenförmigen Stielen werden auf Papier oder in Mull geliefert und im Freiland wie unter Glas ausgesetzt, sobald die ersten Blattläuse auftauchen.

Florfliegen bekämpfen Blattläuse.

Raubmilben gegen Rote Spinnen

Heimische Raubmilbenarten finden sich auf den Blattunterseiten von Obst- und anderen Laubbäumen. Sie sind 0,5 mm lang, gelblich bis rötlich gefärbt, ziehen keine Fäden und sind sehr beweglich. Die Raubmilbe ist der Feind der Spinnmilben („Rote Spinnen") und saugt täglich etwa 5 erwachsene Tiere, 20 Jungtiere oder Eier aus. Dadurch schützt sie unter Glas Kulturen wie Auberginen, Bohnen, Gurken und zahlreiche Topfpflanzen vor weißen und gelben Blattflecken.

Wenn sich Spinnmilben in Massen vermehren, setzt man seit über zehn Jahren als natürlichen Freßfeind die Raubmilbe *Phytoseiulus persimilis* ein. Zuchtbetriebe vermehren den Nützling, der zur gezielten Freilassung auf Bohnenblättern verschickt wird. Neuerdings gibt es auch Kleinpakkungen für Hobbygärtner.

Die Raubmilben vermehren sich bei durchschnittlichen Temperaturen von über 18 Grad Celsius und einer relativen Luftfeuchtigkeit von über 60 %. Es ist nicht zu befürchten, daß sich die eingesetzten Insekten weiter vermehren. Sobald sie nichts mehr zu fressen finden, gehen sie an Nahrungsmangel ein oder verzehren sich gegenseitig.

Auch die Weiße Fliege kann von Raubmilben ausgerottet werden. Dieser an Gemüse und Zierpflanzen unter Glas weit verbreitete Schädling schadet den Pflanzen, indem er auf der Blattunterseite Zellsaft aussaugt und klebrigen „Honigtau" ausscheidet. Ausgewachsen sind es 2 mm lange, geflügelte, mit weißem Wachsstaub bepuderte Insekten, die sofort hochfliegen, wenn man die Pflanzen berührt. Die gelblichgrünen Larven sind unbeweglich wie Schildläuse und nicht leicht zu finden.

Auch die Weiße Fliege kann von Raubmilben ausgerottet werden.

Schlupfwespen gegen Weiße Fliegen

Gegen Weiße Fliegen unter Glas werden auch Schlupfwespen eingesetzt, die besonders einfallsreich für ihre Brut sorgen: Sie legen ihre Eier einzeln in die Larven der Mottenschildläuse. Nachdem sie alle Innereien ihrer Wirtstiere aufgezehrt haben, sind diese nicht mehr lebensfähig. Auf diese Weise bringt eine winzige Schlupfwespe der Art *Encarsia formosa* bis zu 1000 Schädlinge um.

Schon bei den ersten Anzeichen des Befalls unter den Blättern sollte man sich eine Sendung Schlupfwespen kommen lassen. Die schwarzen Larven und Puppen der Weißen Fliege, in denen Encarsia-Larven enthalten sind, werden sofort nach Eintreffen in der unmittelbaren Nähe der befallenen Pflanzen ausgepackt und gleichmäßig auf den Blättern verteilt. Ungefähr drei Wochen nach dem ersten Ausbringen kann man mit dem bloßen Auge die abgestorbenen, schwarz gefärbten Larven auf den Blattunterseiten kleben sehen. Nimmt die Zahl der geschwärzten Weißen Fliegen im Laufe der folgenden Wochen zu, war die Bekämpfung erfolgreich.

100 Schlupfwespenlarven reichen aus, um eine Fläche von 10 m^2 von Weißen Fliegen frei zu halten. Sie brauchen wenigstens einige Stunden am Tag über 20° Celsius, um sich zu vermehren. Eine andere Schlupfwespe legt ihre Eier in Wollläuse. Zehrwespen bohren ihren Legestachel in Eier, Larven und Puppen anderer Schadinsekten und deponieren dort ihren Nachwuchs.

Alle Nützlingsarten sind bei Neudorff mehrere Jahre in Praxis und Forschung überwacht worden. Es sind durchweg einheimische Arten, deren Freilassung für Mensch und Umwelt unbedenklich ist. Auf diesem Gebiet ist in den nächsten Jahren noch viel Neues zu erwarten.

Schlupfwespen fressen Weiße Fliegen.

Gallmücken gegen Blattläuse

Die Larven der räuberischen Gallmücke *Aphidoletes aphidimyza* ernähren sich von März bis Oktober ausschließlich von Blattläusen, die an Topfpflanzen im Wintergarten oder Kleingewächshaus in ungehemmter Vermehrung schmarotzen, was an den gekräuselten oder eingerollten Blättern leicht zu erkennen ist.

Blattläuse übertragen häufig pflanzliche Viruskrankheiten, und die zuckerhaltigen Ausscheidungen („Honigtau") locken Ameisen und Rußtaupilze an. Diese schaden zwar nicht unmittelbar den Pflanzen, aber sie verkleben die Atemöffnungen und hemmen die Assimilation, weil weniger Tageslicht auf die grünen Zellen trifft.

Entscheidend ist deshalb, daß die räuberischen Gallmücken rechtzeitig eingesetzt werden, sobald man die ersten Blattläuse an den Pflanzen entdeckt. In feuchtem Torf werden 80 Puppen in einer Packung geliefert und können auf einer Fläche von 10 m^2 verteilt werden. Daraus schlüpfen nach ein bis drei Tagen Gallmückenweibchen und legen Tage darauf ihr orangeroten Eier in die Nähe von Blattlauskolonien, aus denen die gefräßigen Larven schlüpfen, die in einer Woche bis zu 50 Läuse töten.

Diese läuseverzehrende Mückenart wird in europäischen Ländern schon lange erfolgreich zur Blattlausbekämpfung unter Glas eingesetzt. Das etwa 2 mm große, ausgewachsene Weibchen legt gezielt in die Nähe von Blattläusen bis zu 100 Eier ab. Wenn aus allen Eiern Larven schlüpfen, vertilgen sie theoretisch 5000 Blattläuse, und man erhält ja nicht nur ein, sondern achtzig Muttertiere. Bei einem besonders starken Befall kann man nach zwei Wochen eine Nachbehandlung mit einer weiteren Packung durchführen.

Gallmücken zur Blattlausbekämpfung.

Nematoden gegen Dickmaulrüßler

Käfer und Larven des Gefurchten Dickmaulrüßlers fressen an Eiben, Ilex, Rhododendren, anderen Gehölzen, Stauden und Zierpflanzen, an Kübelpflanzen auf dem Balkon, Dachgarten, Terrasse und unter Glas. Neuerdings werden verbreitet starke Schäden gemeldet.

Die 10 mm langen, dunkelgrauen, fast schwarzen Käfer mit geriffelter Oberdecke kommen in der Dunkelheit und hinterlassen an den Blättern die typisch bogenförmigen Fraßnarben. Die weißlichen Larven fressen dagegen nur an den Wurzeln, aber dieser Schaden ist eher noch verderblicher: Bei starkem Befall kommt es zu Wachstumsstockungen, und junge Pflanzen gehen ganz ein.

Zur Bekämpfung werden Nematoden (Fadenwürmer) der Gattung Heterorhabditis verwendet, die für alle anderen Tiere und Pflanzen völlig unschädlich sind. Sie suchen sich ausschließlich die Larven des Dickmaulrüßlers, dringen durch deren Haut oder Körperöffnungen ein und geben im Innern ein Bakterium ab, das sich schnell vermehrt und binnen weniger Tage zum Tod des Schädlings führt. Die Nematoden ernähren sich von den Bakterien, verlassen die abgetötete Larve und suchen neue Wirte.

Bei ihrem Einsatz ist wichtig, daß im Boden mindestens 13° Wärme herrschen und beim Postversand nicht unter 5° Celsius. In Schaumstoffflocken werden 3 Millionen Nematoden für 5 m^3 Erdboden oder 10 m^2 Pflanzengefäße geliefert. Sie werden in 5 bis 10 l Wasser eingeweicht und dann ausgepreßt. Mit der Gießkanne wird dieses Wasser unter die befallenen Pflanzen gegossen und anschließend mit reichlich Wasser in den Boden eingespült.

Als Hausmittel gilt frisch gespaltetes Kiefernholz, das im Wurzelbereich ausgelegt wird und die Käfer anlockt.

Nematoden gegen Dickmaulrüßler.

Bestellgutschein
nur gültig mit Händlerstempel

naturgemäß gärtnern

Preis ________ **DM**

Neudorffs biologischer Pflanzenschutz

Nematoden gegen Dickmaulrüßler

im Garten, Dachgarten oder Gewächshaus

Parasitische Nematoden (Heterorhabditis sp.) - natürliche Größe ca. 0,5-1 mm

Folien schützen

Folien, Vliese und Netze schützen die Pflanzen auf den Gemüsebeeten nicht nur vor rauher Witterung, Frost und Hagelschauern, sondern halten auch Schädlingsbefall aus der Luft und dem Boden ab.

Stroh zwischen den Erdbeerreihen schützt die Pflanzen weitgehend vor Graufäule. Dasselbe wird erreicht mit einer dunkel eingefärbten, geschlitzten Mulchfolie, die auch andere Pilzkrankheiten nicht aus dem Boden hochkommen läßt. Die Ernte kann um ca. zehn Tage bis maximal vier Wochen vorverlegt werden, weil die Bodenwärme gleichmäßig höher liegt, und Mehrerträge bis zu 50 % sind keine Seltenheit.

Reifehauben dienen nicht nur Tomaten, sondern allen höher wachsenden, wärmeliebenden Gemüsearten als Einzelpflanzenschutz während der gesamten Kulturdauer. Die Folienröhren werden an einem Haltestab festgebunden und wachsen mit den Pflanzen langsam nach oben. Dabei wird der Boden im Sommer freigelegt. Tomaten sind darunter drei Wochen früher erntereif und bringen bis zu 25 % höhere Erträge.

Folienhüte aus Hartplastik schützen Jungpflanzen vor Schädlingen und Gartenvögeln. Sie sind 22 cm hoch, mit 18 cm Durchmesser am Boden; das obere Ende ist knapp 3 cm weit offen, und unten sind zwei Löcher, durch die sie mit Zweigspitzen im Boden festgesteckt werden. Grüne Schattenstreifen bringen den Pflanzen im Laufe eines Sonnentages eine kleine Erfrischung.

Folienkragen aus Hartplastik liegen rund um die Jungpflanzen auf dem Boden und verhindern den Kontakt mit Schnecken und anderen Schädlingen. Sie haben 38 cm Durchmesser und ein Loch von 14 cm in der Mitte.

Abdeckung als Pflanzenschutz: Erdbeerreihen werden durch geschlitzte Mulchfolie vor Graufäule geschützt (oben); Reifehauben für Tomaten bleiben den Sommer über auf der Pflanze (unten).

Vögel anlocken

Vögel sind die besten Pflanzenschützer, und das gilt sogar für die reinen Körnerfresser, solange es keine reifen Samen gibt. Man sollte sie deshalb mit Schutzgehölzen, Futter, Wasser und Brutplätzen in den Garten locken.

Vogelschutzgehölze sind Ahornarten, Berberitzen, Eberesche, Efeu, Erle, Hainbuche als Hecke, Holunder, Jelängerjelieber, Liguster, Mahonie, Nadelgehölze, Pfaffenhütchen, Rot- und Weißdorn, Rosenbüsche, Rankrosen, Schlehe, Taxus, Waldrebe, Wildapfel und -birne und Zierquitte.

Vogelarten, die ihre Nester in Bäumen oder Büschen selber bauen, suchen dichtes Gezweig in Hecken und frei wachsenden Ziersträuchern. Dazu gehören Braunelle, Finken, Girlitz, Grasmücken, Laubsänger, Rotkehlchen, Stieglitz und Zaunkönig. Passende Zweigquirle, die als Nistunterlage dienen, können mit zweckmäßigem Gehölzschnitt herangezogen werden. Reicht das nicht, kann man Zweige von Nadelgehölzen oder Ginster an die Südost- oder Ostseite eines Baumstammes binden. Das herunterhängende Bündel wird hochgeschlagen und oben festgebunden. Mit der Hand drückt man dann eine Höhle in das Büschel. Für Bodenbrüter legt man das geschnittene Reisig an einer abgelegenen Stelle locker auf den Boden.

Brütende Vögel brauchen Ruhe. Gerade Freibrüter verlassen oft das Gelege, wenn sie gestört werden. Zum Schutz vor Katzen und anderem kleinem Raubzeug wie Baumwiesel und Marder werden die Zugänge mit stacheligen oder dornigen Zweigen versperrt. An Ästen oder Baumstämmen kann man einen Ring aus abwärts gerichteten Gerten oder steifen Drähten anbringen.

Nistgehölze locken Singvögel in den Garten, z.B. Heckenkirsche (oben) oder Hainbuchenhecke (unten).

Vögel füttern

Über die Vor- und Nachteile der Winterfütterung von Vögeln wird unter Natur- und Vogelschützern heftig diskutiert. Viele Fachleute sind aus verschiedenen Gründen gegen eine Fütterung, auch weil dabei so viele Fehler gemacht werden.

Nur in schneereichen Winterwochen und bei hartem Frost ist ein vernünftig beschickter Vogelfutterplatz sinnvoll. Dann nämlich finden die nützlichen Singvögel tatsächlich zuwenig Futter in der Natur.

Aber es gilt ebenso der Grundsatz: Wo einmal angefangen wurde zu füttern, muß das fortgesetzt werden, bis sich in der näheren Umgebung wieder etwas in der freien Natur finden läßt. Das steht in gewissem Gegensatz zueinander und läßt sich nur vereinbaren, wenn man genau beobachtet, was sich draußen tut.

Körner- und Doppelfresser erhalten ölhaltige Sämereien, Sonnenblumenkerne, Hanf, Mohn, ungesalzenes Fett, Rinder- und Hammeltalg, der nicht zu heiß werden darf, weil die Sämereien sonst an Nährwert einbüßen. Finkenvögel und Ammern fressen lieber stärkehaltige Samen, Hirse, grob geschrotenen Weizen, Mais und Hafer. Die meisten Weichfresser ziehen nach Süden, weil es hier im Winter keine Insekten gibt. Bleiben sie aber am Standplatz, müssen sie mit gut gewähltem Weichfutter aus dem Fachhandel versorgt werden. Der Futterplatz wird so aufgestellt, daß die am Boden nachlesenden Vögel nicht von Katzen gefährdet sind.

Winterfütterung der Standvögel: Meisenring (oben), Stare am Futterhäuschen (unten).

Nistkästen

Höhlenbrüter wie Baumläufer, Kleiber, Meisen, Rotschwänzchen und Schwalben nehmen Nistkästen an.

Sie müssen die passenden Maße haben, damit sie anziehend sind und kleinere Vogelarten, die oft nützlicher als Schädlingsvertilger sind, von größeren nicht vertrieben werden. Die einfachste Bauweise ist die spitze Zeltform in einer Höhe von 30 cm für Meisenarten und Rotschwänzchen und 36 cm für Stare. Das Bodenbrett mißt entsprechend 17 mal 10 cm oder 19 mal 15 cm. Der Fluglochabstand von der Spitze gemessen beträgt 9 oder 12,5 cm. Der Fluglochdurchmesser für kleine Meisenarten wie die Blau-, Hauben-, Sumpf- oder Tannenmeise soll nicht größer als 2,9 cm sein, für Kohlmeisen und Hausrotschwanz 3,4 cm, für Stare 4,6 cm. Halbhöhlenbrüter wie Bachstelzen und Fliegenschnäpper nisten in flachen Kästen von 15 mal 20 cm Grundmaß. Die Vorderseite unter einem vorstehenden Dachbrett ist 6 cm hoch über die ganze Breite offen. Aufgehängt werden die Nistkästen so, daß die Schlupflöcher nach Süden oder Osten zeigen. Sie sollen so geneigt angebracht sein, daß der Regen vom schrägen Dach nicht in das Flugloch tropft. Neue Nistkästen hängt man im Herbst auf, damit sie bis zur Brutzeit gut ausgelüftet sind und keinen die Vögel abstoßenden Geruch mehr haben. Sie dienen in den kalten Monaten als Wetterschutz und Schlafplatz. Nachdem sie benutzt worden sind, sieht man sehr vorsichtig nach, ob sich Schlafmäuse oder Siebenschläfer darin eingenistet haben. Erst danach werden sie abgenommen, geleert, gründlich gereinigt und desinfiziert. Dazu verwendet man Mittel, die nicht lange stark riechen; kochendes Sodawasser genügt.

Nistkästen locken Vögel in den Garten.

Vögel tränken

Während der Frostperiode wird Trinkwasser für die Gartenvögel nur in kleinen Näpfen hinausgestellt, weil sie gerne darin baden und das nasse Gefieder erstarren kann. Aber nach der Schneeschmelze wird es trocken, und bis zum Mai regnet es wenig, wie auch im Herbst zur Tagundnachtgleiche. In dieser Zeit freuen sich die Vögel über eine Bade- und Trinkgelegenheit.

Ein Gartenteich eignet sich dafür nur, wenn er ein flaches Ufer hat, so daß auch kleine Vögel noch Grund unter den Beinen haben. Außerdem dürfen keine höheren Pflanzen nahe der Tränke für Katzen Deckung bieten.

Tiefes Wasser kann als Trinkgelegenheit dienen, wenn ein Floß darauf schwimmt: ein Lattenrahmen, an den durchhängend ein Stück Dachpappe genagelt ist. Die Vögel landen und stehen am Rand und trinken und baden in der flachen Pfütze, die sich darin sammelt.

Der Wasserstand im Vogeltrink- und -badebecken darf nicht mehr als 5 bis 6 cm, am Rande nur 1 bis 2 cm betragen. Ein hügeliger Boden bietet jedem Vogel die angenehme Wassertiefe. Unscheinbare Farben sind den Vögeln lieber als blanke und farbenfrohe Schmuckbecken, wie sie als Fertigbecken angeboten werden.

Eine Vogeltränke kann man leicht selbst bauen. Auf eine Unterlage von 25 bis 30 cm Kies mit Sand formt man aus einer fetten Zement-Sand-Mischung von 1 zu 3 eine flache Schale. Sehr schön wirken auch flach oder hochkant, im Kreis mit 1 m Durchmesser verlegte Klinkersteine. Ebenso kann man andere Kunst- und Natursteine in kleineren Pflasterformaten zusammen mit großen Kieseln so verlegen, daß es möglichst natürlich aussieht. – In Ferienzeiten muß der Gartenschlauch in das Vogelbad tröpfeln.

Offene Wasserstelle mit Anflugbrett für Vögel.

Schutz vor Vögeln

Vögel sind im Garten nicht nur eifrige Pflanzenschützer, die zentnerweise Schadinsekten vertilgen, sondern richten in frischen Aussaaten und an reifenden Früchten auch erhebliche Schäden an. Von Vogelscheuchen, Glitzerstreifen und Raubvogelschatten lassen sie sich meist nicht allzu lange vertreiben, denn sie merken bald, daß ihnen nichts passiert, und gewöhnen sich daran.

Sicherer sind Vogelschutznetze, die man als dicke Seile erhält, die breitgezogen werden, um Beerensträucher oder Gemüsebeete zu überziehen. Sie sind so leicht, daß man sie durch Anzünden wieder entfernen kann. Dabei entwickelt sich nur einen Augenblick lang geringe Hitze, dann ist alles verpufft zu Kohlendioxid und Wasser.

Neu sind Netze mit Glitzerplättchen, die aussehen, als ob sie sich ständig bewegten. Die Vögel werden davon abgeschreckt, ehe sie sich in den Netzen verfangen. Zur Befestigung über den Beeten gibt es Folienhalter.

Für die unterschiedlichen Kulturen gibt es auch verschiedene Vogelschutznetze, in deren feinen, glatten Maschen weder Kopf noch Krallen hängenbleiben. Es werden Maschenweiten von 6 mal 6 mm, 8 mal 8 mm, 17 mal 17 mm und ein extrem feinmaschiges Netz zum Schutz der Erdbeeren auch vor Wespen, Hagel und Regen angeboten. Die Größen reichen von 2 mal 5 m und 4 mal 10 m bis zu Rollenware von 500 und 1000 m Länge und 2 bis 4 m Breite, wie sie zum Schutz von Weinreben gebraucht werden.

Sämereien, die von Vogelfraß bedroht sind, wie Erbsen, Bohnen und Rasensaat, kann man auch mit bodenberührenden Schlitzfolien abdecken.

Vogelschutznetz über Johannisbeeren.

Kulturschutznetze

Auf Freilandgemüse haben sich feine Netze als wichtige Alternative zum chemischen Pflanzenschutz bewährt. Nach der Meinung von Experten, die von Versuchen bestätigt wird, kann durch Kulturschutznetze nahezu jeder Schädlingsbefall ferngehalten werden.

Die Netze werden unmittelbar nach der Aussaat aufgelegt und dabei so locker verlegt, daß den Keimlingen ausreichend Raum zur Entwicklung bleibt. Die Seiten müssen sorgfältig befestigt, z.B. in die Erde eingegraben oder mit Sand oder Brettern beschwert werden, um Zuflug auszuschließen. Während der Kulturzeit darf das Netz nur kurzfristig in der Mittagszeit, d.h. der flugarmen Tageszeit, aufgedeckt werden, um zu jäten oder zu vereinzeln.

Rettich wird erst eine Woche vor der Ernte abgedeckt, da erhebliche Schäden durch Spätbefall auftreten können. Bei Kopfkohl reicht es aus, die Pflanzen vier bis sechs Wochen nach dem Auspflanzen zu bedecken; Chinakohl bleibt bis zwei Wochen vor der Ernte unter dem Netz.

Auch um Möhrenfliegen und Möhrenminierfliegen fernzuhalten, können Netze (Bionet oder Rantai) aufgelegt werden. Bei Versuchen der Universität Hohenheim brachten diese Netze keine Qualitätseinbußen und einen besseren Bekämpfungserfolg als die chemische Behandlung. Auch hier wurde unmittelbar nach der Aussaat abgedeckt und das Netz nur zum Unkrauthacken kurzfristig in den Morgenstunden aufgehoben. Die Wurzeln der netzbedeckten Möhren waren von gleicher Qualität wie diejenigen, die auf Kontrollparzellen ohne Netz wuchsen. Nur die Blätter waren heller und 10 cm länger. Die nicht von einem Netz geschützten Möhren waren aber bis zu 52 % vermadet! Blumenkohl ist auf diese Weise so vollständig von Kohlfliegen frei gehalten worden, daß der Befall praktisch aufgehört hat.

Kulturschutznetze über Gemüsebeeten.

Was im Glashaus hilft

Pflanzenschäden im Kleingewächshaus, Wintergarten oder am Blumenfenster werden meist nicht von Schädlingen oder Krankheiten verursacht. Es sind oft physiologische „Krankheiten“ oder einfacher ausgedrückt Kultur- und Pflegefehler. Die Pflanzen leiden unter Wärme, Zugluft, Lufttrockenheit, vernäßtem Substrat, praller Sonne oder Lichtmangel.

Erst wenn es sicher ist, daß es sich um fressende oder saugende Parasiten handelt, muß gespritzt werden. Das ist nicht immer ganz einfach, denn die im Boden versteckten Schädlinge zeigen sich meist nur nachts. Dazu gehören neben einigen Raupenarten die Wurzelläuse und -milben, Springschwänze, Fadenwürmer (Nematoden), Enchyträen („kleine, weiße Würmer“) und Trauermückenlarven. Wenn es einige Stunden dunkel war, können sie abgesammelt werden.

Gegen sie alle helfen neben den chemischen Mitteln auch einfache alternative Hausmittel wie Schmierseife, Spiritus, Bitteresche (Amerikanisches Quassiaholz) und andere, die wie auf S. 64 beschrieben angewendet werden. Die Pflanzenschutzseife ist immer ungebleicht, denn Bleichmittel können pflanzenschädlich wirken. Wenn die Lauge aus einer Sprühflasche vernebelt wird, spart das viel Arbeit und verbessert die Wirkung. Wo nötig, kann mühelos mehrere Tage nacheinander gesprüht werden. Erdschädlinge werden durch ein Bad in Seifenlauge nicht abgetötet, aber sie kommen aus der Erde und können mit dem Badewasser weggeschüttet werden.

Gegen Fluginsekten helfen die bereits auf Seite 56 erwähnten Gelbtafeln, die zwischen den Pflanzen aufgehängt oder -gestellt werden.

Pflanzenschutz im Glashaus.

GLORIA
floretta combi

Inhalt